Por qué ya no habla

Cuento tradicional nicaragüense
Versión de Patricia Almada

Ilustraciones de Donna Perrone

Había una vez una rana
muy grande.
Esta rana podía nadar,
brincar y cantar
mejor que las otras ranas.
Ella pensaba que era la más
inteligente de todas.

Ella quería que sus amigas
la llamaran Sra. Rana.

El problema con la Sra. Rana
era que le gustaba hablar mucho.
Hablaba de día y de noche,
casi siempre de sí misma.

— Soy muy inteligente
— decía una y otra vez
en la laguna.

Pero todos sabían
que no era muy inteligente.

Las tortugas se hacían
las dormidas
cuando la Sra. Rana se acercaba.
Los pececitos se escapaban
lo antes que podían.

Sólo los patos le ponían
atención porque paraban
en la laguna por poco tiempo.
La escuchaban hablar pero pronto
se cansaban de sus cuentos.

Le decían:
— Señora, ya nos vamos,
debemos seguir nuestro vuelo
a otras tierras.

La Sra. Rana decía
que los patos eran
sus mejores amigos.

— Ellos vienen a la laguna
para verme sólo a mí.

Cuando llegó el invierno,
la Sra. Rana se acostó
en la laguna para dormir,
como todos los inviernos.

La Sra. Rana se despertó
en la primavera.
Se sentía muy feliz y descansada.

La Sra. Rana estaba tan feliz
que quería volar como los patos.

Trató de volar como los patos
pero vio que no podía.
Se subió a una piedra alta
y brincó moviendo sus patas
como si fueran alas.
Pero vio que no podía volar.

La Sra. Rana se sintió muy triste.

Un día unos patos
llegaron a la laguna.

— Amigos míos,
necesito que me ayuden a volar
— les dijo la Sra. Rana.

— Las ranas no vuelan
— dijeron los patos riéndose.

La Sra. Rana buscó
a dos patos bien fuertes.

Les dijo:
— Tomen este palo,
usted por aquí y usted por allá.
Y yo lo agarraré por la mitad
con la boca.

— Usted no debe hablar
mientras vuela
— le dijo la tortuga.

— Está bien,
yo no digo nada
— le dijo la Sra. Rana.

14

Entonces los tres,
agarrados del palo,
comenzaron a despegar.
Los patos movían sus alas
para arriba y para abajo
sin parar.
¡ Todos los animales reían
al verlos pasar !
Cuando subieron muy alto,
los animales
comenzaron a aplaudir.

Pero la Sra. Rana vio
a un sapo dormido
y le gritó sin pensar:
— ¡ Mire, Sr. Sapo,
yo puedo volar !

En cuanto abrió la boca
comenzó a caer.
¡ Y cayó abajo,

abajo,

ABAJO !

16

Agitaba sus patas
y le gritaba a los patos.
— ¡ Aquí estoy, vengan por mí !

Pero los patos no pudieron.
La pobre Sra. Rana
cayó de espalda
en medio de la laguna
con una gran zambullida.

Cuando pararon de reírse,
los animales de la laguna
se acercaron a la Sra. Rana.
— ¿ Está bien, señora ?
— le preguntaron.

Pero la Sra. Rana
estaba tan asustada
que no podía hablar.

18

Entonces le trajeron ricas moscas
para poderla alegrar.
Ella quiso darles las gracias
pero abrió la boca
y no salió palabra.
Ni una palabra pudo hablar.

Trató una y otra vez
pero nunca más pudo hablar.
Es por eso que hasta ahora
la Sra. Rana sólo dice cro, cro.

Obra de teatro

Por qué la rana ya no habla

Personajes

 Narrador

 Sra. Rana

 Rana 1

 Rana 2

 Tortuga

 Pez

 Pato 1

 Pato 2

Narrador

Había una vez
una rana muy grande.
Podía nadar, brincar y cantar
mejor que las otras ranas.

Sra. Rana

Oigan, ranitas, por respeto
deben llamarme Sra. Rana.

Rana 1

Sí, cómo no.
Usted sabe brincar muy bien.

Rana 2

Sí, cómo no.
Usted es la más inteligente.

Narrador

El problema con la Sra. Rana
era que le gustaba hablar mucho.

Sra. Rana

Yo soy muy inteligente,
brinco alto, nado bien
y canto bonito.

Narrador

La Sra. Rana decía lo mismo
todo el tiempo.
Así que los otros animales
se cansaron de oírla.

Tortuga

Ahí viene la Sra. Rana.
Me voy a hacer la dormida
porque ella habla todo el día
y me cansa oírla.

Pez

Ahí viene la Sra. Rana.
Me voy a escapar
porque ella habla todo el día
y me cansa oírla.

Narrador

Sólo los patos le ponían atención
porque paraban en la laguna
por poco tiempo.
La escuchaban hablar pero pronto
se cansaban de sus cuentos.

Pato 1

Sí, sí señora.

Sí, sí señora.

Sí, sí señora.

Pato 2

Señora,

ya nos vamos,

debemos seguir nuestro vuelo

a otras tierras.

Sra. Rana

Los patos son mis mejores amigos.

Vienen a la laguna

para verme sólo a mí.

Narrador

Cuando llegó el invierno,
la Sra. Rana se acostó a dormir.
Cuando llegó la primavera,
la Sra. Rana se despertó.

Sra. Rana

Me siento feliz y descansada.
Estoy tan feliz que quiero
volar como los patos.

Narrador

Entonces se subió
a una piedra alta
y brincó moviendo sus patas
como si fueran alas.
Trató una y otra vez.

Sra. Rana

¡ Ay, qué pasa, no puedo volar !
Me siento muy triste.

Narrador

Un día unos patos
llegaron a la laguna.
La Sra. Rana les contó
su problema.

Sra. Rana

Amigos míos,
necesito que me ayuden a volar.

Pato 1

¿ Cómo que a volar ?
Las ranas no vuelan.

Sra. Rana

Tomen este palo,
usted por aquí y usted por allá.
Yo lo agarraré por la mitad
con la boca
y juntos vamos a volar.

Tortuga

Usted no debe hablar
mientras vuela.

Sra. Rana

Está bien, yo no digo nada.

Narrador

Entonces los tres,
agarrados del palo,
comenzaron a despegar.
Los patos movían sus alas
para arriba y para abajo sin parar.
¡ Todos los animales reían
al verlos pasar !

Pez

¡ Miren qué bonito,
la Sra. Rana hasta sabe volar !

Narrador

La Sra. Rana vio a un sapo
dormido y le gritó sin pensar.

Sra. Rana

¡ Mire, Sr. Sapo,
yo puedo volar !

Narrador

En cuanto la Sra. Rana abrió la boca
comenzó a caer más y más abajo.
Agitaba sus patas y le gritaba
a los patos que fueran por ella.

Sra. Rana

¡ Aquí estoy, vengan por mí !

Narrador

Pero los patos no pudieron.
La pobre Sra. Rana
cayó en medio de la laguna
con una gran zambullida.

Pez

¡ Ja, ja, ja !

Narrador

Cuando pararon de reírse,
los animales de la laguna
se acercaron a la Sra. Rana.

Tortuga

¿ Está bien, señora ?

Narrador

Pero la Sra. Rana
estaba tan asustada
que no podía hablar.
Entonces le trajeron ricas moscas
para poderla alegrar.

Narrador

Ella quiso darles las gracias
pero abrió la boca
y no salió palabra.
Ni una palabra pudo hablar.
Trató una y otra vez
pero nunca más pudo hablar.
Es por eso que hasta ahora
la Sra. Rana sólo dice cro, cro.